Jackie French   Bruce Whatley

Tagebuch eines Babywombat

Aus dem Englischen von
Leena Flegler

GERSTENBERG

3. Auflage 2019
Copyright der deutschsprachigen Ausgabe 2010 Gerstenberg Verlag, Hildesheim
Text © 2009 Jackie French
Illustrationen © 2009 Farmhouse Illustration Company Pty Limited
The author and artist have asserted their moral right to be identified as the authors of this work.
Die Originalausgabe erschien unter dem Titel *Diary of a Baby Wombat* bei HarperCollins, Australien
Alle deutschsprachigen Rechte vorbehalten
Druck und Bindung: TBB, a. s., Banská Bystrica
Printed in the Slovak Republic

www.gerstenberg-verlag.de

ISBN 978-3-8369-5306-1

Für Lisa, die Bruce, Mothball und mich auf diese magische Reise
schickte. Und natürlich auch von ganzem Herzen für Noël,
Jennifer, Bounce und Burper.
JF

Für Sylvia Rose.
BW

Morgens: Geschlafen.

Montag

Weitergeschlafen.

Ge**lang**weilt...

Mittags: Geschlafen.

Gehüpft.

Zeit, spielen zu gehen,
meint Mama ...

RAUS MIT DIR!

An Blumen geschnuppert.

Blumen gefressen.

Blumen sind

lecker!

Da ist noch etwas anderes.

Riecht wie ich!

Gefunden!

Mit meinen neuen

Freund gespielt.

Gewonnen!

Morgens: Geschlafen.

Dienstag

Weitergeschlafen.

Mittags: Gespielt.

Ich habe
HUNGER!

(Menschen fressen komische Sachen ...)

Abends: Geschlafen.

Mittwoch

Morgens: Aufgewacht.
Gelangweilt...

Wir brauchen ein neues Loch, meint Mama. Ein größeres Loch.

Neues Loch für uns gebuddelt.

Mittags: Mich gekratzt.

Ganz lange.

Morgens: Neues Loch ist zu klein, meint Mama.

Donnerstag

Mittags: Anderes neues Loch gesucht.

Ob wir jemals ein Loch finden, das groß genug ist

für Mama und für mich?

Freitag

Morgens:

RIESIGES Loch gefunden!

Mittags:

Habe Mama von dem Loch erzählt.

Geh schlafen, meint sie.

BIN aber nicht .. müde ..

Samstag

Morgens:

Wer hat unser Loch gestohlen?

Macht nichts, meint Mama.

Wir buddeln uns das beste Loch aller Zeiten!

Nachts:

Wir buddeln einen TUNNEL!

Buddeln macht Spaß!

Was wir dort oben wohl finden?

Ein irre **RIESIGES** Loch!

Ein Loch!

Ein Loch für mich ... und für Mama.

Sonntag

Morgens: Geschlafen.